Irene Kubern

Basteln mit Seidenpapier

für Kinder

frechverlag

Igel

(Abbildung Seite 1)

- **Braunes und schwarzes Tonpapier**
- **Braunes Seidenpapier**

Schneiden Sie die Körperform jeweils zweimal aus, und kleben Sie die Tonpapierteile an Kopf, Rücken und Hinterteil zusammen (Unterseite offen lassen für Ständer). Nun benötigen Sie einige Seidenpapier-Streifen für die Stacheln (Vorlagenbogen). Knicken Sie sowohl beim kleinen als auch beim großen Igel ca. 0,5 cm des Streifens um, und schneiden Sie die andere Längsseite wie auf dem Vorlagenbogen in Fransen. Der erste Streifen wird vom Genick des Igels über den Rückenbereich bis hinunter zum Hinterteil angeklebt (der Kopf bleibt immer ausgespart). Kleben Sie darunter weitere Streifen fest, bis der ganze Igelkörper bedeckt ist. Nun können Sie vorsichtig die andere Seite des Igels bekleben. Die Augen- und Nasenpunkte aus Tonpapier werden beidseitig angebracht. Als Ständer dient ein mehrfach gefalteter Tonpapierstreifen (Vorlagenbogen), der unten zwischen die Igelteile geklebt wird.

Fotos: frechverlag GmbH + Co. Druck KG, 70499 Stuttgart;
Fotostudio Weisensel, Stuttgart

Dieses Buch enthält:
2 Vorlagenbogen

Auflage: 5. 4. 3. 2. 1. | Letzte Zahlen
Jahr: 2002 2001 2000 1999 98 | maßgebend

frechverlag GmbH + Co. Druck KG, 70499 Stuttgart

ISBN 3-7724-2411-2 · Best.-Nr. 2411

Druck: frechverlag GmbH + Co. Druck KG, 70499 Stuttgart

Seidenpapier bzw. Blumenseide ist ein hauchzartes (18 g/qm), aber sehr farbintensives Bastelpapier. Aufgrund seiner guten Formbarkeit und der reichhaltigen Farbpalette (ca. 35 Farbtöne) ist es für die unterschiedlichsten Bastelzwecke geeignet.
Es lassen sich damit nicht nur Blumendekorationen, Drachen oder Laternen anfertigen, sondern man kann auch schnell und einfach Tiere, lustige Figuren oder sogar Schmuck daraus herstellen.
Haben Sie schon einmal Ostereier mit Seidenpapier eingefärbt? Sie werden staunen, wie begeistert Ihre Kinder ans Werk gehen werden und welche Kreativität im Umgang mit diesem Material freigesetzt wird.
Und sollte je ein Bogen Seidenpapier übrigbleiben, dann verwenden Sie ihn doch einfach als originelles Geschenkpapier!

Viel Spaß beim Basteln wünscht Ihnen

Irene Kubern

Material und Werkzeug

Je nach Anleitung benötigen Sie:

- **Seidenpapier in verschiedenen Farben**
- **Tonkarton oder Tonpapier**
- **Watte- und Holzkugeln**
- **Styroporformen: Herz, Zapfen, Bilderrahmen, Ring, Scheibe**
- **Schuhkarton**
- **Schaschlikspieße**
- **Zahnstocher**
- **Kleine Blütenstaubbeutel**
- **Bunte Pfeifenputzer**
- **Wackelaugen, 5 mm ø und 6 mm ø**
- **Bänder und Kordeln**
- **Nähfaden, Garn und Nadel**
- **Schere, Lineal, Bleistift**
- **Filzstift in Rot und Schwarz**
- **UHU stic (Klebestift) und UHU Bastelkleber**
- **Heißklebepistole**
- **Lochzange**
- **Scharfes Messer**
- **Sand, Muscheln, Schneckenhäuschen und Steine**
- **Blaue Wasserfarbe und Pinsel**
- **Watte**
- **Etwas Spitze für Kragen**
- **Lederband für Halskette**
- **Haarreif aus Kunststoff**
- **Durchsichtiges Klebeband**
- **Rundstab, 4 mm - 6 mm ø, ca. 40 cm lang**
- **Klarlack**
- **Einschraubbare Öse**
- **Locher**

Tips

Bitte beachten Sie beim Umgang mit Seidenpapier:

1. Wassertropfen hinterlassen auf Seidenpapier Flecken.

2. Verwenden Sie für großflächige Klebestellen immer einen Klebestift.

3. Bei direkter Sonnenbestrahlung verblaßt das nicht lichtechte Seidenpapier relativ schnell.

Herzen

- **Klarsichtfolie**
- **Seidenpapier in verschiedenen Farben**
- **Nähfaden und Nadel**
- **Klebestift**

Schneiden Sie die Herzen aus Klarsichtfolie aus, und bekleben Sie die Folie mit gerissenen Seidenpapierstückchen (Klebestift). Überstehendes Papier wird mit der Schere abgeschnitten. Die einzelnen Herzen werden mit Nähfaden aneinander gebunden.

Bunte Fensterbilder

Für alle Fensterbilder benötigen Sie Seidenpapier in verschiedenen Farben, Klarsichtfolie und einen Klebestift.

Schnecke

Für die Schnecke benötigen Sie zusätzlich:

- Tonpapier in Gelb
- 2 Wackelaugen, 6 mm ø
- evtl. Nähfaden

Schneiden Sie die Schnecke aus Tonpapier und das Schneckenhaus aus Klarsichtfolie aus. Die Folie wird auf der Rückseite spiralenförmig mit Seidenpapierschnipseln beklebt (Klebestift). Danach kann das Schneckenhaus mit Klebstoff am Schneckenkörper befestigt werden. Kleben Sie die Wackelaugen und ein rotes Seidenpapierkügelchen als Nase auf. Die beiden Fühler erhalten als Abschluß je zwei kleine Kreise (Vorlagenbogen). Zeichnen Sie dann mit Filzstift den Mund auf. Die Haare werden aus einem 3,5 cm breiten, eingeschnittenen Seidenpapierstreifen gefertigt (Vorlagenbogen). Halbieren Sie den Streifen, und kleben Sie beide Teile auf der Rückseite übereinander. Mit einer Schere lassen sich die Haare gut kräuseln. Wer möchte, kann der Schnecke noch eine Fliege (Vorlagenbogen: Papierstreifen zum Ring zusammenkleben, mit Nähfaden abbinden) ankleben.

Schmetterling

Schneiden Sie den Schmetterling aus Klarsichtfolie aus, und knicken Sie die Flügel zum Schmetterlingskörper hin um. Die Fühler und der Körper des Schmetterlings werden auf der Rückseite mit unifarbenem Seidenpapier, die Schmetterlingsflügel mit bunten Schnipseln beklebt (Klebestift).

Blume

Schneiden Sie die ganze Blume aus Klarsichtfolie aus, und kleben Sie auf der Rückseite den unifarbenen Kreis als Blumenmittelpunkt auf. Die Blumenblätter werden mit bunten Seidenpapierstückchen, der Stiel und die Blätter mit grünen Schnipseln beklebt (Klebestift).

Lustiger Schmetterlingstanz

Für die Schmetterlingsstecker und das Mobile benötigen Sie jeweils Seidenpapier und Pfeifenputzer in verschiedenen Farben.

Schmetterlingsstecker

- Schaschlikspieße

Schneiden Sie drei Flügelpaare in beliebigen Farben aus. Für den Schmetterlingskörper werden die stärkeren Enden von zwei gleichfarbigen Pfeifenputzern miteinander verzwirbelt, und diese verzwirbelte Stelle wird dann umgebogen. Falten Sie die drei Flügelpaare nacheinander in der Mitte, legen Sie sie genau übereinander auf die Rückseite eines Messers oder einer Schere, und raffen Sie die Flügelpaare an der Faltstelle. Halten Sie dazu die rechte Seite mit dem rechten Daumen etwas fest, und schieben Sie mit der linken Hand Zentimeter um Zentimeter gegen Ihren rechten Daumen. Die drei Flügelpaare werden zwischen die vorbereiteten Pfeifenputzer gelegt, die nach ca. 4,5 cm - 5 cm (Körper) verdreht bzw. stabilisiert werden. Rollen Sie die Spitzen der Pfeifenputzer ein, und biegen Sie die Fühler in die gewünschte Form. Jetzt muß nur noch auf der Unterseite des Schmetterlings mit der Heißklebepistole ein Schaschlikspieß angeklebt werden.

Schmetterlingsmobile

- Tonpapier in verschiedenen Farben
- Nadel und Faden

Schneiden Sie die Schmetterlingsgrundform aus Tonpapier zurecht, und fertigen Sie sechs verschiedenfarbige Seidenpapierstreifen (je 8 cm x 6 cm) an. Eine Breitseite der Streifen wird jeweils wie links beschrieben gerafft. Kleben Sie dann immer drei geraffte Streifen nebeneinander auf eine Flügelseite aus Tonpapier, und schneiden Sie das überstehende Seidenpapier mit der Schere ab. Die Schmetterlingskörper werden wie links beschrieben aus Pfeifenputzern hergestellt. Schieben Sie den beklebten Schmetterling zwischen die vorbereiteten Pfeifenputzer, die nach 5 cm - 5,5 cm (Körper) verdreht bzw. stabilisiert werden. Beenden Sie den Schmetterling wie links beschrieben. Er wird an drei Fäden (Vorlagenbogen) aufgehängt.

Ostereier

- Ausgeblasene weiße Eier
- Seidenpapier in verschiedenen Farben
- Nähfaden
- Zahnstocher
- Schale mit Wasser
- Eierbecher

Tauchen Sie bunte gerissene Seidenpapierstückchen zur Hälfte ins Wasser, und „bekleben" Sie mit den Schnipseln das ausgeblasene Ei. Sie können das Ei flächendeckend einfärben oder kleine weiße Zwischenräume frei lassen. Legen Sie das beklebte Ei zum Trocknen für 1 - 2 Stunden auf einen Eierbecher. Danach lassen sich die Papierstücke ganz leicht abreiben. Die Farbe des Seidenpapiers ist nun auf die Eierschale übergegangen. Zum Aufhängen kerben Sie kleine Zahnstocherstückchen (ca. 1 cm lang) in der Mitte ein und knoten einen Faden daran. Schieben Sie das Zahnstocherstück in das ausgeblasene Hühnerei. Der Zahnstocher stellt sich nun quer, und Sie können das Ei aufhängen.

Fröhlicher Kindergeburtstag

- Seidenpapier in verschiedenen Farben
- Regenbogen-Tonkarton
- Tonpapier in Gelb
- Haarreif aus Kunststoff

Haarreif

Fertigen Sie für den Haarreif ca. 20 bis 25 Blüten an (Vorlagenbogen, mittlere Blütengröße), und bekleben Sie damit einen Kunststoff-Haarreifen. Wie die Blüten gearbeitet werden, wird auf Seite 13 beschrieben.

Tischkarte

Schneiden Sie die Tischkarte aus Tonpapier aus (Vorlagenbogen), und verzieren Sie das Kärtchen mit kleinen Blüten aus Seidenpapier (Vorlagenbogen, kleinste Blütengröße). Wie die Blüten gearbeitet werden, wird auf Seite 13 beschrieben.

Platzdeckchen

Fertigen Sie ein Platzdeckchen aus Regenbogen-Tonkarton (Vorlagenbogen) und ca. 30 bis 40 Seidenpapierblüten (Vorlagenbogen, größte Blütengröße) an. Die Blüten entstehen aus einem Seidenpapierquadrat, das dreimal gefaltet wird: zuerst zu einem Rechteck (1. Faltung), dann zu einem kleinen Quadrat (2. Faltung) und zum Schluß zu einem Dreieck (3. Faltung).

Die einzelnen Faltungen für die Blüten sehen Sie auf Seite 14. Nehmen Sie nun den dritten Falz zwischen Zeigefinger und Daumen, und schneiden Sie die Blütenblätter zurecht (s. Zeichnung, S. 14). Danach erhält jede Blüte als Blütenmittelpunkt eine farblich passende Kugel aus zerknülltem Seidenpapier, die aufgeklebt wird. Befestigen Sie die Seidenpapierblüten mit Klebstoff auf dem Platzdeckchen.

Kränzchen

- **Seidenpapier in verschiedenen Farben**
- **Styroporring, 21 cm ø**
- **Klebestift**

Bekleben Sie den ganzen Styroporring mit gerissenen grünen Seidenpapierschnipseln, die den Untergrund bilden. Ziehen Sie dafür das Papier über den Klebestift, oder streichen Sie den Ring mit dem Stift ein.

Die Blüten werden aus Quadraten und Kreisen gefertigt (Vorlagenbogen).
Wie aus den Quadraten Blüten entstehen, wird auf Seite 13 (Platzdeckchen) beschrieben und anhand der Zeichnungen unten auf dieser Seite verdeutlicht. Jede Blüte erhält als Mittelpunkt eine farblich passende Kugel aus zerknülltem Seidenpapier.
Die Kreise werden drei- oder viermal zusammengefaltet und dann zugeschnitten (s. Zeichnung). Auch diese Blüten erhalten einen farbigen Mittelpunkt.
Fertigen Sie so viele Blüten an, daß Sie den Styroporring ganz damit bedecken können.

Faltung Quadrat

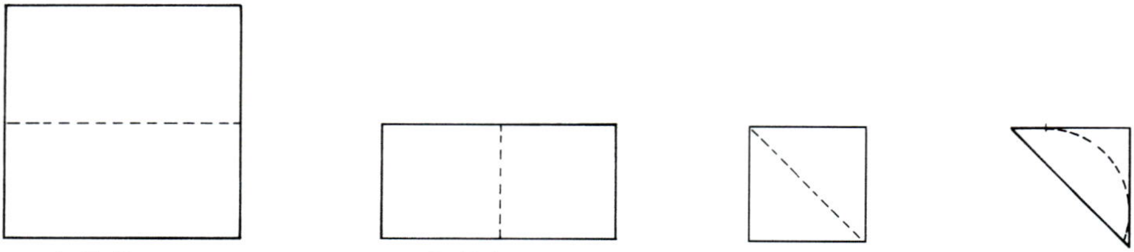

1. Faltung — 2. Faltung — 3. Faltung — Zuschnitt der Blütenblätter

Faltung Kreis

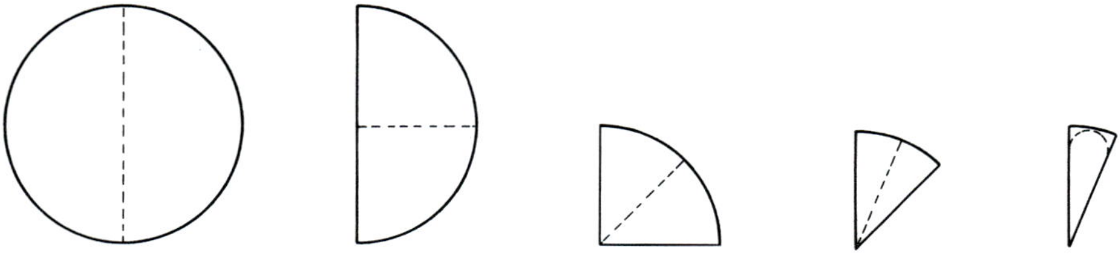

1. Faltung — 2. Faltung — 3. Faltung — 4. Faltung — Zuschnitt der Blütenblätter

Aquarium

- Weißer Schuhkarton
- Tonpapier in verschiedenen Farben
- Seidenpapier in verschiedenen Farben
- Blaue Wasserfarbe und Pinsel
- Nähfaden und Nadel
- Durchsichtiges Klebeband

Färben Sie alle Seitenteile des Kartons bis auf eine lange Seitenfläche innen und außen mit blauer Wasserfarbe ein. Beim Kartonboden genügt es, wenn Sie innen einen ca. 2 cm breiten Randstreifen bemalen. Lassen Sie den Karton dann gut durchtrocknen.
Nun kann der Kartonboden bis auf einen Rand von 1 cm herausgeschnitten werden. Schließen Sie die Öffnung mit blauem Seidenpapier. Die unbemalte Seitenfläche dient als Aquariumboden. Sie wird innen ganz mit Klebstoff eingestrichen und mit trockenem Sand bestreut.
Jetzt können Sie Steine, Muscheln und Schneckenhäuschen auf die Sandfläche kleben. Schneiden Sie

- Sand, Muscheln, Schneckenhäuschen, Steine u. ä.
- Klebestift

verschiedene Fischformen aus Tonpapier aus (Vorlagenbogen), und verzieren Sie die Fische beidseitig mit Seidenpapierkugeln, Seidenpapierschuppen oder gerissenen Seidenpapierstückchen.
Kleben Sie auch noch Augen und Lippen auf. Zum Schluß wird für jeden Aufhängefaden mit der Nadel ein Loch durch die Kartonoberkante gestochen. Die Aufhängefäden fixieren Sie außerhalb des Aquariums mit durchsichtigem Klebeband.
Die Wasserpflanze besteht aus zusammengeklebten Seidenpapierstreifen (Klebestift), die mit der Schere in Form gebracht werden.

Große Blume

- Scheibe aus Styropor, 8 cm ø
- Rundstab aus Holz, 4 mm - 6 mm ø, ca. 40 cm lang
- Seidenpapier in Gelb, Weiß und Grün
- Watte, Klebestift

Styroporform mit einem scharfen Messer ringsum ca. 1 cm tief einschneiden. Vorder- und Rückseite der Form mit gelbem Seidenpapier bekleben (Klebestift). Zwölf Blütenblätter aus weißem Seidenpapier anfertigen (Vorlagenbogen) und jeweils die Mattseiten von zwei Blütenblättern folgendermaßen zusammenkleben: Klebestelle (gestrichelte Fläche) mit einem schmalen Klebstoffstreifen versehen (Unterseite offen lassen), zweites Blütenblatt darauf legen und fest zusammendrücken. Nach dem Trocknen Blütenblätter mit etwas Watte füllen, an der Unterseite leicht raffen und in die aufgeschnittene Styroporform kleben. Rundstab mit grünen Seidenpapierstückchen beziehen und in die Styroporform stecken. Ein grünes, seitlich mit Watte gefülltes Blatt anfertigen und an den Stab kleben.

Biene

- Schaschlikspieß
- Wattekugel, 1,5 cm ø
- 2 Staubbeutel als Fühler
- Seidenpapier in Gelb und Schwarz
- Tonpapier in Schwarz
- Lochzange, Klebestift

Beim Basteln der Biene sollte kleineren Kindern von Erwachsenen geholfen werden.
Aus ca. 50 cm langen und 5 cm breiten Seidenpapierstreifen Schnüre anfertigen. Hierfür die Streifen auf 2,5 cm, 1,25 cm usw. falten, bis keine Faltung mehr möglich ist. Danach das Papierband stückweise zu einer runden, festen Schnur verdrehen (die rechte Hand dreht nach hinten, die linke Hand nach vorne). Schnur in der Mitte falten (beide Enden in die eine, Falz in die andere Hand nehmen) und verzwirbeln (etwas Klebstoff hilft). Aus diesen Kordeln sieben gelbe und sechs schwarze Scheibchen (s. unten) für den Bienenkörper formen: Kordeln jeweils zu einer Schnecke drehen, bis der gewünschte Durchmesser erreicht ist, abschneiden und Kordelenden ankleben.
Fügen Sie die Scheibchen in folgender Reihenfolge zusammen:

2 gelbe Scheiben, 1,4 cm ø
1 schwarze Scheibe, 1,6 cm ø
1 gelbe Scheibe, 1,8 cm ø
1 schwarze Scheibe, 2 cm ø
1 gelbe Scheibe, 2,2 cm ø
1 schwarze Scheibe, 2,2 cm ø
1 gelbe Scheibe, 2 cm ø
1 schwarze Scheibe, 1,8 cm ø
1 gelbe Scheibe, 1,6 cm ø
1 schwarze Scheibe, 1,4 cm ø
1 gelbe Scheibe, 1,2 cm ø
1 schwarze Scheibe, 1 cm ø

Zuletzt eine gelbe Seidenpapierkugel (ca. 0,5 cm ø) als Hinterteil ankleben. Die mit gelbem Seidenpapier beklebte Wattekugel (Klebestift) am Körper befestigen und mit Augen (2 Lochzangenpunkte), Mund (Vorlagenbogen) und Fühlern (mit einer Nadel über den

Augen Einstecklöcher für Staubbeutel bohren) vervollständigen. Biene auf einen Schaschlikspieß stecken und die Flügel ankleben (zwischen den beiden gelben Scheiben mit 1,4 cm ø).

Gansstecker

- Tonpapier in Weiß
- Schaschlikspieß
- Seidenpapier in Weiß, Schwarz und Orange
- Bänder und Kordeln in Orange
- Heißklebepistole

Die Körperform wird doppelt aus weißem Tonpapier ausgeschnitten und zusammengeklebt. Der Schaschlikspieß wird dabei mit eingeklebt. Nun benötigen Sie weiße Seidenpapierquadrate in drei verschiedenen Größen (Vorlagenbogen). Die großen Quadrate bilden den Flügelbereich, die kleinen den Kopf-, Hals-, Rücken- und Fußbereich. Die mittleren Quadrate schwächen den Übergang etwas ab.
Sie können Zeit sparen, indem Sie von der Längsseite des weißen Seidenpapiers einen je nach gewünschter Quadratgröße entsprechend breiten Streifen abschneiden und ihn wie eine Ziehharmonika falten. Legen Sie eine Quadratschablone auf das zusammengefaltete Papier, und schneiden Sie an den Kanten entlang.
Die einzelnen Quadrate werden in Längs- und Querrichtung gefaltet, damit die vier Ecken hochgezogen werden können und der Mittelpunkt des Quadrats nach unten absteht. Geben Sie etwas Klebstoff auf diesen Mittelpunkt, und kleben Sie so Quadrat um Quadrat auf die Körperform, bis Vorder- und Rückseite ganz bedeckt sind.
Der Schnabel wird mit orangefarbenen Seidenpapierkugeln beklebt, und als Augen werden zwei schwarze Seidenpapierkugeln angebracht.
Zum Schluß binden Sie aus verschiedenen orangefarbenen Bändern und Kordeln Schleifen und kleben diese mit der Heißklebepistole an das Fußende der Gans.

Küken

- Wattekugel für Kopf, 3 cm ø
- Wattekugel für Körper, 5 cm ø
- Zahnstocher
- Seidenpapier in Gelb und Schwarz
- Tonpapier in Rot
- Weißes Schleifenband, ca. 50 cm lang

Stecken Sie die beiden Wattekugeln mit Hilfe des Zahnstochers zusammen. Von der Längsseite des gelben Seidenpapiers wird ein ca. 5 cm breiter Streifen abgeschnitten und wie eine Ziehharmonika gefaltet. Legen Sie die Quadratschablone (Vorlagenbogen) auf das gefaltete Papier, und schneiden Sie an den Kanten entlang. So erhalten Sie schnell die benötigten Papierquadrate. Die einzelnen Quadrate werden in Längs- und Querrichtung gefaltet, damit die vier Ecken hochgezogen werden können und der Mittelpunkt des Quadrats nach unten absteht. Geben Sie etwas Klebstoff auf diesen Mittelpunkt, und kleben Sie so Quadrat um Quadrat auf die Wattekugeln, bis sie ganz bedeckt sind.
Aus schwarzem Seidenpapier werden zwei kleine Kugeln für die Augen angefertigt und mit Klebstoff fixiert. Zuletzt erhält das Küken seinen aufgeklebten Tonpapierschnabel und eine Schleife um den Hals.

Bunter Bilderrahmen

- Bilderrahmen aus Styropor, 16 cm x 23 cm
- Seidenpapier in verschiedenen Farben
- Klebestift
- Evtl. Klarlack

Bekleben Sie den Bilderrahmen mit gerissenen Seidenpapierstückchen (Klebestift), und besprühen Sie den Rahmen nach dem Trocknen mit etwas Klarlack.

Roter Bilderrahmen mit Marienkäfern

- **Bilderrahmen aus Styropor, 16 cm x 23 cm**
- **Wattekugel (Körper), 2 cm ø**
- **Wattekugel (Kopf), 1 cm ø**
- **Staubbeutel als Fühler**
- **Seidenpapier in Rot, Grün und Schwarz**
- **Tonpapier in Schwarz und Weiß**
- **Lochzange**
- **Klebestift**
- **Evtl. Klarlack**

Bekleben Sie den Bilderrahmen mit gerissenen roten Seidenpapierstückchen (Klebestift), und besprühen Sie ihn nach dem Trocknen mit etwas Klarlack.

Halbieren Sie die Körperkugel, und bekleben Sie die Hälften mit roten Seidenpapierstückchen (Klebestift). Die Kopfkugel wird ebenfalls mit einem scharfen Messer halbiert und mit schwarzem Seidenpapier beklebt. Fügen Sie je ein Kopf- und Körperteil mit Klebstoff zusammen, und stanzen Sie mit der Lochzange schwarze und weiße Tonpapier-Punkte aus (Körperpunkte und Augen). Diese werden auf den Marienkäfer geklebt. Die beiden Staubbeutel als Fühler sind auf der Schnittfläche der Kopfkugel zu befestigen. Setzen Sie den fertigen Marienkäfer auf ein grünes Kleeblatt (Vorlagenbogen) aus Seidenpapier, wahlweise aus Tonpapier.

Figuren

- Zapfen aus Styropor, 10 cm hoch
- Wattekugeln für Köpfe, 3 cm ø
- Wattekugeln für Hände, 1 cm ø
- Zahnstocher
- Seidenpapier in verschiedenen Farben
- Tonkarton in Grün
- Wackelaugen, 5 mm oder 6 mm ø
- Kordeln und Schleifenbänder in verschiedenen Farben
- Watte
- Klebestift, Heißklebepistole
- Filzstift
- Etwas Spitze für Kragen

Bei den Figuren wird ein Ende (ca. 2 cm) des Zapfens abgeschnitten, damit die Figur stehen kann. Verbinden Sie die Kopfkugel und die Körperform mit Hilfe eines Zahnstochers.

Junge

Körper mit gerissenen blauen Seidenpapierstückchen bekleben (Klebestift). Lockenkopf aus braunen Seidenpapierkügelchen, rotes Kügelchen als Nase sowie zwei Wackelaugen (5 mm ø) ankleben. Mund mit Filzstift aufmalen. Der Umhang (Vorlagenbogen) wird mit einer grünen Kordel zusammengehalten.

Mädchen

Kleid zweimal ausschneiden und beide Teile an den Klebestellen A zusammenkleben. Dafür die matte Seite des Kleides mit einem schmalen Klebstoffstreifen versehen, die matte Seite des zweiten Kleidteils darauf legen und beide Teile fest zusammendrücken.

Nach dem Trocknen Körperform in das einseitig noch offene Kleid legen, wieder etwas Klebstoff auf die noch zu schließenden Nähte (Klebestellen B) geben und Teile zusammendrücken. Für die Haare je einen gelben Seidenpapierstreifen mit den Maßen 2 cm x 7 cm und 22 cm x 7 cm anfertigen. Das kleine Stück in 1,5 cm tiefe und ca. 2 mm - 3 mm breite Streifen schneiden und es doppelt als Pony oberhalb der Stirn festkleben. Den großen gelben Streifen in 6,5 cm tiefe und 2 mm - 3 mm breite Streifen schneiden. Diesen entlang des Haaransatzes zweimal um den Kopf kleben. Die langen Haare mit einem Band zu einem Pferdeschwanz zusammenfassen und die Haarspitzen mit einer Schere kräuseln.
Zwei Wackelaugen (5 mm ø) und ein rotes Seidenpapierkügelchen als Nase aufkleben und mit einem Filzstift den Mund aufmalen. Pro Arm zwei kleine Wattekugeln zusammenkleben und jeweils eine Kugel so im Ärmel fixieren, daß man nur eine Kugel als Hand sieht. Spitzenkragen anbringen (etwas Spitze fassen und um den Hals binden).

Nikolaus

Körper mit rotem, Stiefelbereich (Ring von ca. 1,5 cm Breite ab Schnittkante) mit schwarzem Seidenpapier bekleben (Klebestift). Mantel zweimal ausschneiden und ein Mantelstück halbieren (Vorlagenbogen). Mantelteile an den Klebestellen zusammenfügen (Vorlagenbogen) und Styroporkörper

(Fortsetzung auf Seite 26)

einpassen. Je zwei kleine Wattekugeln in die Ärmel kleben (s. Mädchen) und etwas Wattehaar anbringen, bevor die Mütze mit einer kleinen Wattekugel an der Spitze übergestülpt wird. Mantelsäume und Mütze (Vorlagenbogen) mit etwas Watte verzieren und Wackelaugen (6 mm ø), rote Nase, Schnurrbart und Backenbart ankleben. Jetzt fehlt nur noch der Gabensack (Streifen falten, Seitennähte schließen, mit Kordel zusammenfassen).

Clown

Körper mit gerissenen Seidenpapierstückchen bekleben (Klebestift). Haare (Vorlagenbogen) spiralenförmig auf den Hinterkopf kleben. Rotes Seidenpapierkügelchen als Nase aufkleben, Wackelaugen (6 mm ø) anbringen und Mund aufmalen. Fliege (Vorlagenbogen) anfertigen (Streifen zu einem Ring zusammenkleben und abbinden) und ankleben.

Nixe

Diese Figur hat meine 11jährige Tochter Michaela ganz selbständig gebastelt.
Obere Hälfte des Körpers mit hellgrünen Schuppen und die untere Hälfte mit Schuppen in verschiedenen Grüntönen bekleben. Umhang (Vorlagenbogen) ausschneiden und mit einer Kordel festbinden. Für die Haare je einen hellgrünen Streifen mit 2 cm x 7 cm (Pony) und einen mit 22 cm x 15 cm zurechtschneiden, Haare einschneiden und auf den Kopf kleben. Offenes Haar teilweise mit der Schere kräuseln. Zwei Wackelaugen (6 mm ø) und Nase aus grünem Seidenpapierkügelchen aufkleben, Mund mit Filzstift aufmalen. Krönchen aus einem gelben, 3 cm x 20 cm langen Streifen herstellen (1 x längs in der Mitte falten, in 1 cm tiefe und 2 mm - 3 mm breite Streifen schneiden und zusammenrollen) und aufkleben. Flossen aus grünem Tonkarton ausschneiden und mit der Heißklebepistole an den Körper kleben.

Papageienmobile

- **Tonpapier in verschiedenen Farben**
- **Seidenpapier in verschiedenen Farben**
- **Regenbogen-Seidenpapier**
- **Nadel und Faden, Filzstift**

Schneiden Sie den Papageienkörper, die Kopfteile und den Schnabel aus Tonpapier aus. Zuerst werden der Schnabel und dann beidseitig je ein weißes Kopfteil aufgeklebt.
Für den Schwanz schneiden Sie ein Seidenpapierstück im Farbton des Körpers zu (Vorlagenbogen) und falten es vor dem Ankleben wie eine Ziehharmonika (Abstände 1 cm). Für die Flügel benötigen Sie ein Stück Regenbogen-Seidenpapier (15 cm x 30 cm), das ebenfalls ziehharmonikaartig mit Abständen von 1 cm gefaltet wird. Nach dem Falten wird der Flügel zur Hälfte durch den Einschnitt gezogen und beidseitig am Körper festgeklebt. Augen und Schnabelstrich werden mit einem schwarzen Filzstift aufgezeichnet.
Jetzt fehlt nur noch der Aufhängefaden.

Froschgesang am Teich

Frösche

Die Materialangaben ergeben zwei Elternfrösche, einen Kinder- und einen Babyfrosch.

- **3 - 4 Wattekugeln (Körper Eltern), 5 cm ø**
- **2 Wattekugeln (Kinderfrosch), 4 cm ø**
- **2 Wattekugeln (Babyfrosch), 3,5 cm ø**
- **4 Wattekugeln (Augen Eltern), 1,5 cm ø**
- **4 Wattekugeln (Augen kleine Frösche), 1 cm ø**
- **Tonpapier in Rot, Grün, Schwarz und Weiß**
- **Seidenpapier in Grün und Schwarz**
- **Locher, Klebestift**

Bekleben Sie eine Körperkugel vollständig mit gerissenen, grünen Seidenpapierstücken (Klebestift). Die Kugel für den Kopf wird mit einem scharfen Messer halbiert und ebenfalls mit grünem Seidenpapier beklebt. Nun benötigen Sie zwei rote und einen grünen Kreis aus Tonpapier (Vorlagenbogen). Ein roter Kreis wird auf der halbierten Kopfkugel fixiert, und der andere rote Kreis wird auf den grünen Kreis geklebt. Danach befestigen Sie die Hälfte der beiden Tonpapierkreise mit Klebstoff so am Kopf, daß die roten Scheiben aufeinandertreffen und ein Froschmaul ergeben. Nun kann der Kopf auf den Körper geklebt werden.
Schneiden Sie die passenden Froschfüße (Vorlagenbogen) aus grünem Tonpapier aus, und kleben Sie diese an den Körper. Mit einem scharfen Messer wird von den beiden Augenkugeln etwas weniger als die Hälfte abgeschnitten. Bekleben Sie diese Teile mit grünem Seidenpapier. Die Schnittflächen werden mit je einem weißen Tonpapierkreis (Vorlagenbogen) bedeckt, und auf jedes Auge wird eine schwarze Seidenpapierkugel geklebt. Bringen Sie zuletzt die beiden schwarzen Locherpunkte als Nase an.

Seerosen

- **Seidenpapier in Weiß, Rosa, Pink und Gelb**
- **Tonpapier in Grün**

Der Blütenmittelpunkt ist ein 5 cm x 20 cm großer Seidenpapierstreifen, der einmal längs gefaltet, in 2 cm tiefe und 2 mm - 3 mm breite Streifen geschnitten und eingerollt wird. Schneiden Sie 20 bis 30 Blütenblätter (Vorlagenbogen) zu, und ziehen Sie jeweils eine Längsseite von innen nach außen über eine Schere oder ein Messer. Nun können die leicht gewölbten Blütenblätter an den Blütenmittelpunkt geklebt werden.
Legen Sie die fertige Seerose auf ein Seerosenblatt aus Tonpapier (Vorlagenbogen).

Drachen

(Siehe auch große Abbildung Umschlagrückseite)

- **2 Schaschlikspieß-Stücke, 12 cm und 8 cm lang**
- **Schaschlikspieß als Stecker**
- **Nähfaden**
- **Seidenpapier in verschiedenen Farben**
- **Tonpapierreste in Weiß, Rot und evtl. Orange**
- **Heißklebepistole**
- **Kordel**

Das kleine Schaschlikspieß-Stück binden Sie mit einem Faden nach 4 cm kreuzweise auf das große Spießstück. Legen Sie dieses Drachengerüst auf die ausgeschnittene Seidenpapierbespannung (Vorlagenbogen), und streichen Sie den äußeren Rand des etwas überstehenden Seidenpapiers mit Klebstoff ein. Der überstehende Rand wird einfach eingeschlagen und festgedrückt. Mund, Augen und Nase aus Tonpapier werden aufgeklebt. Der Lockenkopf entsteht aus einem 4,5 cm x 12 cm großen Seidenpapierstreifen (Vorlagenbogen), der auf der Drachenrückseite angeklebt wird. Mit der Schere läßt sich die Haarpracht in Form bringen. Fertigen Sie pro Drachen eine große und vier bis fünf kleine Schleifen an. Hierfür wird ein Streifen ausgeschnitten (Vorlagenbogen), zu einem Ring zusammengeklebt und mit einem Faden abgebunden. In den ca. 15 cm langen Schwanz werden vier oder fünf kleine Schleifen eingeknotet. Kleben Sie den Drachen mit der Heißklebepistole an einen Schaschlikspieß.

Leuchtende Geschenke

Lampen

- Tonpapier in beliebigen Farben
- Seidenpapier in beliebigen Farben, auch Regenbogen-Seidenpapier

Schneiden Sie die gewünschte Tischlampe aus Tonpapier aus (Vorlagenbogen), und bekleben Sie die einzelnen Ausschnitte von hinten mit Seidenpapier Ihrer Wahl. Danach wird die Lampe seitlich geschlossen.

Bitte achten Sie darauf, daß die Kerzen für die Lampen und Teelichter nur unter Aufsicht angezündet und abgebrannt werden!

- Teelicht
- Tonpapier in Rot
- Seidenpapier in Rot

Teelichter

Für beide Blütenformen kleben Sie einen ca. 1,8 cm breiten Tonpapier-Ring um das Teelicht und schneiden je sechs Blütenblätter aus (Vorlagenbogen).

Beim Weihnachtsstern wird jedes einzelne Blütenblatt an der gestrichelten Faltlinie gerafft (s. Schmetterlinge, S. 8). Nun können Sie die Blütenblätter seitlich auf den Tonpapier-Ring kleben.

Bei der Blume werden die unten etwas gerafften Blütenblätter an der Unterseite des Teelichts festgeklebt.

Modische Halsketten

Regenbogen-Halskette

- Durchgebohrte Holzkugel, 3,5 cm ø
- 2 durchgebohrte Holzkugeln, 3 cm ø
- 2 durchgebohrte Holzkugeln, 2,5 cm ø
- 2 durchgebohrte Holzkugeln, 2 cm ø
- Regenbogen-Seidenpapier: 6 cm x 12 cm, 5 cm x 10,5 cm, 4,5 cm x 8,5 cm, 3,5 cm x 7 cm
- Lederband

Bekleben Sie die Holzkugeln mit Seidenpapier-Streifen der gewünschten Farbverläufe (Klebestift), und reihen Sie die Kugeln auf ein Lederband auf.

Bunte Holzkugel

- Durchgebohrte Holzkugel, 4 cm ø
- Seidenpapier in verschiedenen Farben
- Kordel oder Lederband
- Evtl. Klarlack

Bekleben Sie die Holzkugel mit gerissenen Seidenpapierstückchen (Klebestift), und besprühen Sie die Kugel zum Schluß am besten mit etwas Klarlack. Fädeln Sie die Kugel auf ein Lederband oder eine Kordel Ihrer Wahl.

Rotes Herz

- Styroporform Vollherz, ca. 6 cm
- Seidenpapier in Rot
- Evtl. Klarlack
- Lederband
- Einschraubbare Öse

Bekleben Sie das Herz mit gerissenen roten Seidenpapierstückchen, und besprühen Sie das Herz zum Schluß mit etwas Klarlack. Jetzt muß nur noch die Öse eingedreht werden, damit Sie das Band durchziehen können.